Pourquoi et comment fiabiliser les données sensibles d'une entreprise

Didier Flahou

Pourquoi et comment fiabiliser les données sensibles d'une entreprise

Définitions, enjeux et bonnes pratiques

Presses Académiques Francophones

Impressum / Mentions légales
Bibliografische Information der Deutschen Nationalbibliothek: Die Deutsche Nationalbibliothek verzeichnet diese Publikation in der Deutschen Nationalbibliografie; detaillierte bibliografische Daten sind im Internet über http://dnb.d-nb.de abrufbar.
Alle in diesem Buch genannten Marken und Produktnamen unterliegen warenzeichen-, marken- oder patentrechtlichem Schutz bzw. sind Warenzeichen oder eingetragene Warenzeichen der jeweiligen Inhaber. Die Wiedergabe von Marken, Produktnamen, Gebrauchsnamen, Handelsnamen, Warenbezeichnungen u.s.w. in diesem Werk berechtigt auch ohne besondere Kennzeichnung nicht zu der Annahme, dass solche Namen im Sinne der Warenzeichen- und Markenschutzgesetzgebung als frei zu betrachten wären und daher von jedermann benutzt werden dürften.

Information bibliographique publiée par la Deutsche Nationalbibliothek: La Deutsche Nationalbibliothek inscrit cette publication à la Deutsche Nationalbibliografie; des données bibliographiques détaillées sont disponibles sur internet à l'adresse http://dnb.d-nb.de.
Toutes marques et noms de produits mentionnés dans ce livre demeurent sous la protection des marques, des marques déposées et des brevets, et sont des marques ou des marques déposées de leurs détenteurs respectifs. L'utilisation des marques, noms de produits, noms communs, noms commerciaux, descriptions de produits, etc, même sans qu'ils soient mentionnés de façon particulière dans ce livre ne signifie en aucune façon que ces noms peuvent être utilisés sans restriction à l'égard de la législation pour la protection des marques et des marques déposées et pourraient donc être utilisés par quiconque.

Coverbild / Photo de couverture: www.ingimage.com

Verlag / Editeur:
Presses Académiques Francophones
ist ein Imprint der / est une marque déposée de
OmniScriptum GmbH & Co. KG
Heinrich-Böcking-Str. 6-8, 66121 Saarbrücken, Deutschland / Allemagne
Email: info@presses-academiques.com

Herstellung: siehe letzte Seite /
Impression: voir la dernière page
ISBN: 978-3-8381-4799-4

SOMMAIRE

1 POURQUOI RECHERCHER LA QUALITE DES DONNEES ?

1.1 Place des données dans le système d'information

La donnée est la matière première du système d'information, elle permet l'exécution des traitements informatiques nécessaires aux processus métiers. Elles permettent après analyse d'accéder à de nouvelles connaissances.

La description des activités métier au sein d'un système d'information nécessite une modélisation qui passe par la création d'objets métiers. Ces objets métiers ont bien souvent une réalité physique (client, facture).

Chaque objet métier a des propriétés qui le caractérisent : ses données.
La donnée irrigue le système d'information de l'entreprise, elle est la matière première dont se nourrissent les traitements.

A partir des informations collectées et stockées sous forme de données, le système d'information pourra

- d'une part créer de nouvelles données et restituer de nouvelles informations,
- d'autre part permettre aux organisations d'accroître leurs connaissances.

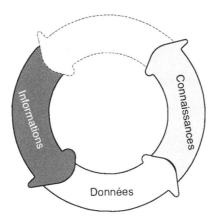

Fig 1 : Transformation Information, Données, Connaissance D.FLAHOU

C'est ainsi par exemple, qu'à partir de clients et de produits commandés, il est possible de produire :

- ▻ Une facture, objet métier ayant par les propriétés suivantes :
    - la date de la facture et de la prestation de services ou de la vente,
    - la description du bien vendu ou des services rendus,
    - le nom et l'adresse du client,
    - le numéro de facture,
    - le prix unitaire HT des articles ou services,
    - la date d'exigibilité de la facture,
    - le total HT, TTC et taux de TVA.

- ▻ Une segmentation de la clientèle (exemple: 60% de ce produit est acheté par les moins de 35 ans).

1.2 Types de Données

Les données sont de deux types dans un système d'information, les données de référence (descriptive, de paramétrage) et les données de transaction (générées par les traitements).

On retrouve globalement deux catégories de données dans le système d'information de l'entreprise : les données de référence et les données transactionnelles.

1.2.1 Données de référence

On ne trouve pas de définition standard d'une donnée de référence, ses caractéristiques les plus couramment formulées sont les suivantes :

- la donnée de référence est structurante, souvent critique pour l'activité,
- elle existe indépendamment des processus métiers qui l'utilisent,
- elle est souvent transverse, manipulée et utilisée par différentes organisations fonctionnelles et/ou géographiques.

Il suffit qu'une donnée présente l'une de ces caractéristiques pour pouvoir être qualifiée de donnée de référence.

4

Nous aurons par exemple :

- le prix d'un produit, son identifiant,
- dans le domaine immobilier la description du bien, de ses lots ainsi que les surfaces, tantièmes.

1.2.2 Données de transaction

Les données de transactions sont tous les autres types de données, elles sont produites par les applications métiers du système d'information.

On peut ainsi dire qu'à périmètre constant et sans évolution, la quantité de données de référence ne croit pas d'une année sur l'autre tandis que la quantité de données de transaction continuera à croître.

On y trouvera : les écritures comptables, les feuilles de paye, les factures, les transactions et échanges avec les tiers.

1.3 Définition de la qualité des données

La justesse est la première propriété qui vient à l'esprit lorsqu'on s'interroge sur une donnée de qualité mais la définition est plus vaste et intègre également la qualité du contenu, l'accessibilité, l'agilité et la sécurité.

La norme ISO 9001 définit la qualité comme «l'aptitude d'un ensemble de caractéristiques intrinsèques à satisfaire des exigences».

D'une manière générale, une démarche qualité part des exigences du « client », qu'elles soient explicites ou implicites, et cherche à atteindre sa satisfaction par l'amélioration continue des processus.

Un produit ou un service est de qualité lorsqu'il sait répondre aux attentes de ses clients. Par analogie, une donnée de qualité sera celle qui saura satisfaire les exigences des utilisateurs.

La justesse est la première propriété qui vient à l'esprit lorsqu'on s'interroge sur une donnée de qualité mais c'est ce n'est pas la seule. Les principales propriétés d'une donnée de qualité sont :

- la qualité du contenu,
- l'accessibilité,
- l'agilité,
- la sécurité,

Forrester[1] définit la donnée fiable "Trust data" comme « Data used by business stakeholders to support their processes, decisions, or regulatory requirements with no reservations as to the data's relevance, accuracy, integrity, and other proviously agreed upon definitions of quality".

En d'autres termes, comme les données utilisées par les métiers pour soutenir leurs processus, décisions ou exigences réglementaires sans réserves quant à leur pertinence, exactitude, intégrité et autres propriétés convenues concernant la qualité.

1.3.1 Qualité du contenu

La qualité du contenu est la principale propriété d'une donnée de qualité. Il s'agit notamment des critères d'exactitude et pertinence retenus dans la définition de Forrester plus haut, critères auxquels il faudra ajouter la facilité d'interprétation.

▶ Exactitude

La donnée doit être juste, c'est à dire correspondre à la réalité qu'elle représente.
A une commande de 500 unités doit correspondre la saisie de 500 dans la base de données.
L'exactitude est nécessaire pour toute donnée, quelle que soit sa nature.

▶ Pertinence

La donnée est pertinente lorsqu'elle correspond aux attentes réelles des utilisateurs et qu'elle pourra être facilement utilisable.
Son niveau de finesse est déterminant :

- trop détaillée, la donnée devra être filtrée/retraitée pour être exploitable,
- trop globale, elle n'apportera pas la précision souhaitée.

Ainsi les sites de locations immobilières présentent les principaux critères de choix aux internautes qui recherchent un logement :
- le prix
- la surface
- le type (maison, appartement …)
- le nombre de pièces
- le nombre de chambres

Imaginons que le site n'ait pas la notion appartement mais :
- appartement RDC
- appartement 1er étage
- …

---

[1] A truism for Trusted Data: Think Big, Start Smal: by Rob Karel july 28, 2008

L'internaute pour qui ce critère n'est pas important passera un temps considérable à consulter toutes les offres car il devra faire une recherche par type d'appartement.

▶ Facilité d'interprétation

La donnée doit être facilement interprétable par tous les utilisateurs et ne laisser aucune ambiguïté quant à son sens.
On touche là à la notion de sémantique qui est essentielle pour la qualité des données.

Deux exemples

▷ Surface

En immobilier, la notion de surface doit obligatoirement être précisée, nous aurons entre autre :
- la surface « LOI CARREZ »
- la surface hors œuvre brute (SHOB)
- la surface hors œuvre nette (SHON)
- la surface utile
- la surface pondérée

Faute de définition, pour « surface » chacun comprendra celle qu'il manipule et la considérera erronée si elle représente un autre type de surface.

▷ Type de logement

Un site Internet de location saisonnière propose les types de logement suivants :
- gîte
- location de vacances
- location de vacances de charme
- location de vacances de prestige

Faute de définition, difficile dans ces conditions de trouver rapidement une maison de location sans multiplier les recherches.

1.3.2 Accessibilité

L'accessibilité est un élément déterminant pour qualifier la qualité d'une donnée.

Par accessibilité, on comprend deux notions :

> ► la disponibilité

Il s'agit de la possibilité d'avoir à disposition la bonne donnée, au bon endroit et au bon moment. L'accès à une donnée peut nécessiter la consolidation de donnée venant de bases diverses, dont la synchronisation est périodique. Il faudra attendre la prochaine synchronisation pour y accéder. C'est l'architecture technique et l'urbanisation du système d'information qui pourra garantir la disponibilité de la donnée.

> ► la facilité d'accès

On touche ici à l'ergonomie, les données utiles doivent pouvoir être facilement consultées par les utilisateurs sans passer par une succession d'écrans.

Les données utiles à une fonction, mais disséminées dans différentes bases du système d'information pourront être regroupées pour donner une vision métier consolidée.

1.3.3 Agilité

La donnée n'est pas statique, elle doit pouvoir évoluer selon trois axes : le temps, le contexte, la version.

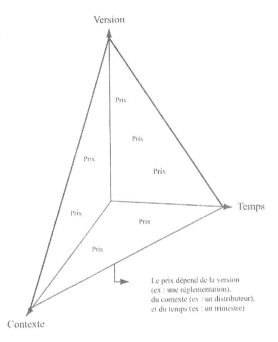

Fig 2. La donnée de référence « Prix » avec les axes Version, Contexte et Temps [1]

▶ <u>Le temps</u>

Une donnée doit pouvoir évoluer dans le temps, il est souvent nécessaire de saisir dans le présent des valeurs qui seront à prendre en compte dans le futur. Les programmes ont souvent besoin d'utiliser une donnée de référence valable à une date donnée, par exemple un indice, un taux (de TVA par exemple).

▶ <u>Le contexte</u>

La valeur de la donnée dépendra de son contexte d'utilisation.
Pour les groupes internationaux, les systèmes d'information se consolident de plus en plus sur une même plate-forme. Une même donnée doit donc pouvoir être adaptée au contexte de chaque pays (devise, prix).

---

[1]Pierre Bonnet (2009), Management des données de l'entreprise, hermes, lavoisier

▶ La version

Les systèmes évoluent, il est souvent nécessaire d'avoir plusieurs versions d'une donnée pour mettre en œuvre et recetter les changements de logiciel, cela permet d'éviter la duplication de tout le système.
A titre d'exemple, on peut citer une version de plan comptable.

1.3.4 Sécurité

La sécurité des données est essentielle, elle regroupe :

▶ La confidentialité

La donnée ne doit pouvoir être accessible en consultation, modification, création, mise à jour, qu'aux utilisateurs dûment habilités.

▶ La traçabilité

Toute action sur une donnée devrait pouvoir être tracée, qui a réalisé la mise à jour, pourquoi et comment.

▶ L'intégrité

Les systèmes techniques et en particulier les bases de données doivent présenter toutes les garanties pour assurer l'intégrité des données.

1.4 Quels sont les enjeux de la qualité des données

> Le manque de fiabilité peut se traduire par des impacts négatifs subis par les entreprises en termes d'insatisfaction des clients, d'image, de perturbations opérationnelles, de risques de non-conformité, d'erreurs stratégiques et de coûts.

Dans le cadre de son activité, l'entreprise collecte et manipule de plus en plus d'informations et de données. Les utilisateurs sont parfois confrontés à des données incorrectes.

Même s'ils finissent par s'interroger sur la fiabilité des informations qu'ils manipulent, l'action se limite le plus souvent à une action de correction sur la donnée unitaire concernée. La problématique reste secondaire jusqu'à ce qu'un problème majeur intervienne.

Une enquête réalisée en mai 2004 par TDWI – Forrester Quaterly Data Warehousing[1] montre qu'environ 85% des entreprises interrogées ont fait l'expérience de problèmes concernant la qualité des données, la question posée était :

Quels sont les principaux problèmes auxquels vous avez été confrontés concernant la qualité des données ou des informations.

---

[1] Lou Agosta (29 juin 2004), The impact of information Quality Lapses – FORRESTER

11

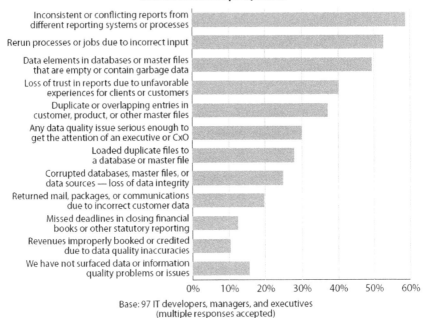

"We have experienced the following issues or problems due to data or information quality issues:"

Base: 97 IT developers, managers, and executives
(multiple responses accepted)

Fig 3 TDWI-Forrester Quaterly Data Warehousing Survey, Mai 2004

Cette enquête nous révèle qu'environ 30% des problèmes sont suffisamment importants pour être remontés au niveau de la direction.

Ces problèmes pourront avoir des conséquences :

- ▶ d'insatisfaction de clients
- ▶ de perturbations opérationnelles
- ▶ d'images et de notoriété
- ▶ de non-conformité
- ▶ d'erreurs stratégiques
- ▶ financières

1.4.1 Insatisfaction des clients

La satisfaction des clients est, en général, le premier indicateur qualité d'une entreprise commerciale.

Les clients victimes de données erronées, que ce soit la livraison d'un mauvais produit suite à une erreur sur l'identifiant produit ou d'une livraison tardive à la suite d'une date de livraison incorrecte, se montreront insatisfaits.

Le risque est encore plus fort sur Internet ou les internautes mécontents n'hésiteront pas à noter négativement le magasin sur les forums en ligne.

1.4.2 Enjeux en termes d'image

Toute erreur visible de l'extérieur entache la crédibilité et l'image de l'entreprise.

1.4.3 Perturbations opérationnelles

Les données de référence sont transverses dans le système d'information.

Certains services vont collecter l'information qui alimentera la base de données sans nécessairement connaître l'usage de la donnée.

D'autres services, souvent la direction des systèmes d'information assureront le stockage, la sécurité et l'intégrité des données.

Enfin, un dernier service exploitera les données, pour du reporting par exemple.

Comme il n'y a pas nécessairement de liens et souvent perte de sens entre les processus qui alimentent les données et ceux qui les manipulent, tout défaut de qualité détecté en aval jettera la suspicion sur la fiabilité du système d'information.

Cela peut encourager les utilisateurs à créer des bases de données locales, avec les données corrigées, mais celles-ci ne resteront accessibles qu'à eux seul. Au final, tôt ou tard, il y aura incohérences avec les données « centrales ».

1.4.4 Risques de non-conformité

La problématique de gestion des risques devient une préoccupation croissante au sein des entreprises qui se dotent souvent d'une organisation ad hoc de contrôle interne.

Cette préoccupation est essentiellement due à la pression croissante des réglementations

Nous aurons par exemple :

> ► Sarbanes Oxley

> Loi de 2002 aux états unis sur la réforme de la comptabilité des sociétés cotées et la protection des investisseurs. Cette loi s'applique à toute

société cotée à la bourse New York Stock Exchange donc, de fait, à de nombreuses entreprises non américaines.

- ▸ Bâle 2 et Solvabilité 2

  Maîtrise des risques et exigences en fonds propres pour respectivement les banques et les assureurs.

- ▸ CFCI

  Contrôle fiscal des comptabilités informatisées. Contrôle réalisé sur les systèmes informatiques traitant de données fiscalement sensibles.

- ▸ Directive REACH (enRegistrement, Evaluation et Autorisation des substances CHimiques)

  Directive qui couvre le contrôle de la fabrication, de l'importation, de la mise sur le marché et de l'utilisation des substances chimiques.

Toutes ces réglementations exigent un contrôle strict des données sensibles.
Il faut pouvoir assurer :

- leur intégrité,
- leur sécurité avec une politique d'habilitation définie et leur sauvegarde et archivage,
- leur traçabilité

Il faut également pouvoir le prouver en cas de contrôle.
Tout écart met l'entreprise en risque de non-conformité.

1.4.5 Pilotage stratégique

Les systèmes décisionnels se sont développés ces dernières années, les moteurs de la stratégie décisionnelle pour les entreprises sont en premier lieu :

- le pilotage de la performance,
- la relation client,
- la croissance du chiffre d'affaires.

Moteurs de la stratégie décisionnelle

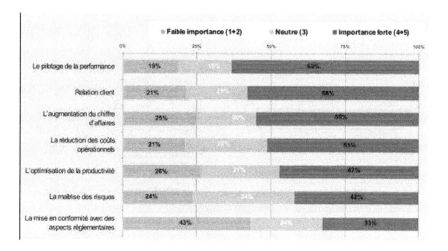

Fig 4 Baromètre CIO/SAS Source cahier thématique CIO (février 2008)

Or quel que soit la sophistication du système d'information et les outils décisionnels utilisés, la pertinence de la décision dépendra toujours de la qualité des données qui alimentent le système en amont.

Une mauvaise qualité de donnée pourra amener l'entreprise à prendre de mauvaises décisions et donc nuire aux objectifs recherchés, à savoir l'amélioration de la performance, de la relation client et du chiffre d'affaires.

1.4.6 Coût de la non-qualité

C'est la partie la plus visible des problèmes engendrés par la non qualité :

Quelques exemples :

▶ Opérations de marketing direct

Les frais d'envoi lors d'une opération de mailing courrier sont majorés par les doublons dans les bases clients ou par les adresses mal renseignées.

▶ Problèmes dans la chaîne logistique

Les données obsolètes, contradictoires ou incomplètes peuvent augmenter la probabilité d'avoir des commandes erronées, des prix de code-barres inexacts sur les points de vente, ainsi que la sur ou sous-estimation des stocks.

▶ Pertes de parts de marché

Inversement, les données erronées qui alimentent un entrepôt de données utilisé pour générer le reporting servant à la prévision de l'activité peuvent induire de mauvaises décisions stratégiques.

▶ Avantage concurrentiel

Les entreprises qui sauront gérer et exploiter au mieux les informations de leurs clients auront un avantage concurrentiel significatif :

- ▷ augmentation de l'efficacité du marketing grâce à une bonne segmentation de la clientèle,

- ▷ possibilités accrues offertes par la vente multi-canal (boutiques physiques, Internet, …),

- ▷ ventes croisées facilitées pour un groupe offrant des produits de différentes natures.

1.5 Quel Business Case pour un projet de fiabilisation ?

Plus que d'autres projets tels que la mise en place d'un ERP ou d'un entrepôt de données, il est difficile de faire adopter un projet de fiabilisation de données dans une entreprise, deux approches sont possibles :

Top-Down
Il s'agit de bâtir un solide Business-Case aligné avec les besoins métiers et la stratégie de l'entreprise. Cette approche nécessitera un Sponsor important de la part du comité de direction.

Bottom-up
Démarche cherchant à un satisfaire un besoin concret, focalisé sur une fonction de l'entreprise puis d'évangéliser le reste de l'entreprise à partir de cet exemple réussi.

1.5.1 Démarche Top-Down

Dans l'entreprise, les directions métiers sont souvent victimes de données non fiables qui pénalisent leurs activités.
Les données sont le plus souvent corrigées au fil de l'eau sans pour autant mettre en œuvre des mesures curatives ou préventives.

Les directions des systèmes d'information sont les témoins privilégiés de ces problèmes mais peinent, lorsqu'elles en ont la volonté, à justifier économiquement un investissement dans un projet de fiabilisation des données.

Cette justification doit passer par l'établissement d'un Business Case qui permettra entre autre de mettre l'accent sur :

- ▷ Le nécessaire alignement de la solution IT proposée avec le besoin métier, c'est le métier qui apportera les éléments qui permettront de calculer un ROI[1] sur le projet.

- ▷ La nécessité d'avoir un sponsor de niveau direction générale pour mettre en œuvre une solution dépassant les traditionnels silos de l'entreprise, en particulier pour les évolutions qui impacteront les processus métiers.

- ▷ L'importance de la mise en œuvre des actions curatives et préventives qui passent par l'identification des processus qui créent les données non fiables.
  Par exemple, un outil d'identification et de suppression de doublon dans

---

[1] Return On Investment

une base client n'est pas suffisant, il faut également identifier et corriger le ou les processus métiers qui en sont la cause.

Le projet de fiabilisation doit être en phase avec les objectifs stratégiques de l'entreprise (croissance, réduction de coûts, différentiation) qui dépendent en partie du climat économique.

Il est possible de distinguer quatre grandes catégories de drivers pour des projets de qualité de données[1] :

► Croissance

Contribution à la croissance des revenus de l'entreprise (support aux ventes et au marketing). En période de croissance économique de tels projets sont peu risqués et suscitent l'intérêt des comités de direction.

► Efficacité

Contribution à l'amélioration du système, à l'accroissement de la productivité et à la réduction des coûts.
Projets présentant peu de risques, favorisés lors les périodes d'incertitude économique. Leur ROI est par ailleurs plus facile à calculer.

► Conformité

Contribution à la réduction des risques de non conformité (contrôle interne, CNIL, sécurité alimentaire …). Cette catégorie est la moins sensible aux conditions économiques mais ce sont des projets plus risqués car globalement plus incertains, longs et donc coûteux.

► Stratégique

Ces projets sont basés sur le renforcement de la fidélisation du client et l'identification de sa valeur ainsi que le renforcement de la collaboration des fournisseurs et partenaires. Ce sont des projets à long terme et à haut niveau de risques. Ils reçoivent une priorisation assez haute pendant les périodes de croissance économique et sont presque impossibles à mettre en œuvre en période de crise.

---

[1] Rob Karel, R Wang (30 mai 2008), Building the Business Case for Master Data Management, FORRESTER

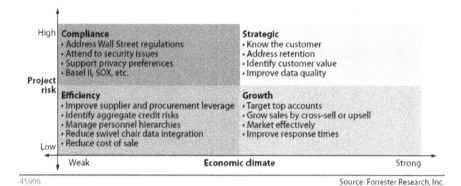

Fig 5 : 4 catégories de drivers

Nous avons l'exemple du driver stratégique avec le Groupe immobilier NEXITY qui met en œuvre, en 2011-2012, son projet stratégique « NEXITY Demain ». La partie la plus visible de ce projet consiste à unifier la grande majorité des filiales du groupe autour d'une marque et d'un nom commun « NEXITY ». La volonté du groupe est également de pouvoir connaître son client, suivre son parcours quelle que soit la filiale à laquelle il fait appel.

Chaque filiale utilisant un logiciel métier propre, il est alors nécessaire de mettre en place un logiciel de CRM [1] couplé à un dispositif de mise en qualité destiné à éliminer les doublons entre les différents systèmes. Ce projet difficile car impactant de nombreuses filiales et de nombreux logiciels bénéficiait d'un sponsor très fort de la part de la direction générale du Groupe.

---

[1] Customer RelationShip Management ou GRC Gestion de la Relation Client

1.5.2 Démarche Bottom-Up

Sauf obligation légale ou problème majeur et visible, il est souvent difficile de prioriser un investissement dans un projet de fiabilisation des données auprès d'un comité de direction.

Il est, en effet, difficile de trouver un ROI qui trouverait son origine directement en gain de productivité, réduction de coût ou accroissement du chiffre d'affaires. Au contraire, les investissements humains et logiciels nécessaires sont directement vus comme une charge supplémentaire.

A une démarche « top-down » qui vise la totalité de l'entreprise, on pourra alors préférer une approche « bottom-up ». Dans cette approche, on cherchera à mettre en œuvre un programme de fiabilisation dans un domaine précis dans lequel il sera possible de :

> ▷ Mesurer le ROI plus facilement et rapidement.
>
> Par exemple sur une fiabilisation d'adresses clients, il est facile de mesurer les économies générées par la diminution des retours « n'habite pas à l'adresse indiquée ».

> ▷ Déterminer la solution et/ou logiciel le plus adapté pour nettoyer les données.
>
> Par exemple un référentiel client unique dans le cas précédent.

> ▷ Faire école à partir du succès rencontré sur le premier projet.

Il est donc important de déterminer le ou les premiers domaines où implémenter un programme d'amélioration de qualité des données.

Les questions à poser aux directions métiers peuvent être :

> ▷ Quels sont dans l'entreprise les processus métiers critiques impactés par la qualité des données ?

> ▷ Quelles sont ces données critiques ?

> ▷ Comment sont-elles collectées, mises à jour ?

> ▷ Quel est le niveau de confiance en ces données ?

Question to stakeholders	Example: marketing executive
What business processes are most important to the organization?	Marketing might articulate contact management and customer trend analysis as critical processes that are at risk due to poor-quality data.
What data is used to support those processes?	These marketing processes depend on customer, product, and order-centric data. Map the specific attributes most widely leveraged by end users to support the key processes.
What systems and processes capture and update that data?	Inventory the enterprise apps, Web front ends, and sales, call center, and customer self-service processes that capture this data. Identify which systems and processes account for a majority of the data volumes (80/20 rule), and prioritize those to evaluate first.
What is your level of confidence when using that data?	Work with your business stakeholders to perform source system analysis and profile the data captured in these systems to define and measure the current quality levels. This will focus your data quality efforts on the most egregious poor-quality data.

46308 Source: Forrester Research, Inc.

Fig 6. Questions à poser aux directions métiers

Parmi les cibles traditionnelles pour initier un programme de fiabilisation nous pouvons citer :

▶ L'amélioration de l'efficacité d'un Call Center

La fiabilisation du fichier client, la suppression des doublons permet à l'opérateur d'identifier plus rapidement son interlocuteur. En mesurant le temps perdu par l'opérateur lorsque le client est en doublon, il est aisé de calculer le ROI d'un projet de dédoublonnement.

⌁ An interactive spreadsheet is available online.

	Hourly fully loaded cost of call center rep		Number of reps in call center		Calls per rep per hour		Percentage of calls with false customer data		Time to correct record		Hourly wasted call center cost
Original DQ:	$40	x	200	x	12	x	11%	x	2 minutes	=	$352
Improved DQ:	$40	x	200	x	12	x	6%	x	2 minutes	=	$192

Hourly cost savings from data quality (DQ) initiative:		$160
Hours per week:		40
Weeks per year:	x	52
Annual cost savings from DQ initiative:		$332,800

46308 Source: Forrester Research, Inc.

Fig 7 . Economies par amélioration d'un Call Center

▶ **La réduction des coûts des opérations de marketing direct ou de mailing.**

Le coût engendré par des adresses non fiables lors des campagnes courriers de marketing direct ou simplement d'information peut être mesuré en fonction du volume des retours de courrier « n'habite pas à l'adresse indiquée ».

En calculant les économies qui peuvent être générées sur toute une année, il sera possible de justifier économiquement un programme d'amélioration de qualité des adresses clients.

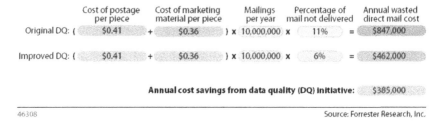

Fig 8. Economies dans les opérations de marketing direct

▶ **L'amélioration de l'efficacité marketing.**

Lorsque le service marketing entreprend une opération de segmentation de la clientèle, son objectif est de cibler les clients ayant la plus grande chance de réagir positivement à une campagne marketing.

Cette faculté de segmentation dépend très fortement de la qualité des informations collectées sur le client lors de ses précédents achats.

▶ **La maîtrise et réduction des risques de non-conformité**

La non-conformité se définit comme : tout écart par rapport à des normes, pratiques, procédures et réglementations. Que ce soit pour des raisons fiscales, comptables ou juridiques, une bonne conformité passe par des données fiables.

Le coût du programme d'amélioration de la qualité sera donc évalué en fonction des risques et de leurs impacts financiers qu'il est sensé contribué à maîtriser.

1.5.3 Conclusion

La démarche à adopter pour entreprendre et vendre un projet de fiabilisation des données dépendra en fait de la maturité des métiers de l'entreprise et de sa direction vis à vis de cette problématique.

Dans tous les cas, il sera judicieux de commencer par une démarche pragmatique sur un sujet précis dans l'entreprise sans vouloir tout traiter à la fois.

2   COMMENT AMELIORER LA QUALITE DES DONNEES ?

Le système d'information ne déroge pas à la notion d'entropie qui fait que tout système tend naturellement au désordre. Il en est de même pour les données de référence du système d'information.

De nombreuses entreprises font le constat de problèmes de qualité de données mais peu dépassent le stade purement correctif et cherchent à mettre en place les dispositifs curatifs qui eux seuls permettront d'améliorer durablement de la situation.

Ce chantier difficile est souvent vu sous un angle technique mais il est massivement organisationnel.

L'amélioration de la qualité des données passe par trois étapes :

▹ Prise de conscience

La première chose à faire pour une entreprise est d'identifier les activités business pour lesquelles on cherchera à améliorer la fiabilité des données. Puis de déterminer les données cibles sur lesquelles portera l'effort. Il s'agira souvent des données de référence dont l'utilisation est commune à différentes fonctions de l'entreprise.

▹ Gouvernance des données

Quelle organisation adopter dans l'entreprise pour assurer une bonne gouvernance de ces données.

▹ Choix technologiques

Outils logiciels permettant de mettre en œuvre l'amélioration de la qualité des données.

2.1 Prise de conscience

> Pour s'attaquer à la fiabilisation et la qualité de ses données, l'entreprise doit prendre conscience de leurs valeurs et décider de les considérer comme un actif de l'entreprise ce qui passera par leur identification et cartographie.

2.1.1 Identification du problème

La prise de conscience de l'existence d'un problème de qualité de données est l'étape indispensable avant de pouvoir essayer de le traiter.

Un certain nombre de signes dans l'entreprise peuvent permettre cette prise de conscience. Il s'agira souvent de données qui sont retraitées au niveau d'un service car réputées non fiables à l'arrivée, ce qui conduit à la multiplication de bases de données locales contenant des données répliquées. Cela conduit généralement à une défiance vis à vis du système d'information de l'entreprise.

Le problème vient souvent de la méconnaissance qu'ont les services de l'entreprise de la manière dont sont collectées et manipulées les données qu'elles utilisent. De la même manière les services collectant les données sont souvent ignorants de leur importance pour les activités en aval.

2.1.2 Identification des données de référence

"If you want to reap the benefits of data and information as strategic assets, then you should manage them as aggressively and professionally as you do other assets"[1]

Thomas Redman,

Encore aujourd'hui, la valeur d'une entreprise est calculée en fonction d'actifs composés de biens matériels, de biens fonciers, d'équipements, de stocks et brevets, mais depuis de nombreuses années nous sommes entrés dans l'ère de l'information[2].

Il convient donc de traiter les données, notamment les données de référence, comme un actif, un « Asset » qu'il s'agira de gérer comme les autres actifs de l'entreprise.

Il est nécessaire de les identifier et de les cartographier :

---

[1] Thomas Redman (15 septembre 2008), Data Driven, Profiting From Your Most Important Business Asset, Harvard Business School Press
[2] Informatica (15 septembre 2008), The Data-Driven Enterprise, White Paper

- Quelles sont les données de référence de l'entreprise ?
- Où sont-elles localisées ?
- Quel est leur niveau de qualité ?
- Par quel processus sont-elles collectées ?
- Par quel processus sont-elles mises à jour ?
- A quelle fréquence sont-elles mises à jour ?
- Comment et par qui sont-elles utilisées ?

La donnée est un actif dynamique qui évolue au cours du temps, les processus qui contribuent à leurs créations, modifications, utilisations ont une importance primordiale.

Beaucoup d'entreprises ont modélisé leurs processus métiers. Le processus est centré sur l'activité et délivre un certain nombre de livrables et d'indicateurs permettant d'évaluer sa performance.

A différentes étapes du processus, des données sont collectées, modifiées ou utilisées par les équipes métiers.

Il est, par contre, rare de rencontrer une cartographie orientée données, dans laquelle sont répertoriés tous les processus métiers qui contribuent à l'alimentation, la mise à jour ou encore l'utilisation de la donnée.

Une telle cartographie orientée données permet de mettre l'accent sur leur caractère transversal et d'identifier tous les acteurs concernés dans l'entreprise.

Cette cartographie est indispensable pour la mise en œuvre d'une bonne gouvernance des données.

2.2 Gouvernance des données

La mise en œuvre d'une gouvernance de données dont l'objectif est de définir l'ensemble des règles, processus et rôles qui vont permettre d'atteindre les objectifs fixés en termes de qualité de données passe par la définition de rôles et fonctions dans l'entreprise bien souvent préexistants mais non formalisés.

L'organisation constate des problèmes de qualité sur les données de référence, décide d'agir mais est rapidement confrontée au problème qu'aucune entité métier n'est propriétaire des données transverses.

La direction des systèmes d'information est déjà responsable du stockage, de l'intégrité et de l'accessibilité des données, on attend donc souvent d'elle qu'elle tienne ce rôle[1] mais elle n'a aucune légitimité. Sa vision et sa connaissance des données sont partielles, elle n'a pas la vue métier.

---

[1] Rob Karel (10/09/2007), Data Governance: What Works and what doesn't, FORRESTER

Pour agir sur les données afin d'en améliorer la qualité, il faut mettre en œuvre une gouvernance de données dont l'objectif est de définir l'ensemble des règles, processus et rôles qui vont permettre d'atteindre les objectifs fixés en termes de qualité de données.

Il n'existe pas de modèles standards de gouvernance qui puisse être appliqués à l'ensemble des entreprises, chacune doit mettre en place l'organisation qui correspond le mieux à son organisation existante et sa culture. Il existe néanmoins des rôles clés qui se distinguent ainsi que des domaines dans lesquels appliquer les principes de gouvernance.

2.2.1 Les rôles clés de la gouvernance des données

2.2.1.1   Data Steward

Le principal rôle à définir est celui de Data steward. Il endosse la responsabilité de la qualité de la donnée telle que définie au chapitre 1.3, notamment sa bonne définition, sa pertinence par rapport aux besoins métiers et son exactitude qu'il contrôle.

S'il constate des écarts par rapport à la qualité attendue, il peut proposer des actions correctives au niveau des processus impliqués.

Il est donc en liaison avec les directions métiers qui produisent, mettent à jour et utilisent la donnée mais également avec la direction des systèmes d'information qui fournit le stockage et les éléments de sécurité sur la donnée.

Cette fonction de Data Steward est plus ou moins tenue aujourd'hui dans l'entreprise, de manière souvent informelle. Il ne s'agit donc bien souvent que de formaliser une situation existante de fait[1]. Il faudra alors inclure cette fonction dans la fiche de poste du collaborateur.

L'entreprise doit donc gérer une base de Data Steward qui contient la liste des Data Stewards et des données sous leur responsabilité.

Selon la structure de l'entreprise et sa taille, il est possible de définir des data Stewards par domaine fonctionnel et Business Unit encadrés par des data stewards par domaine au niveau corporate.

---

[1]Robert S.SEINER (01 octobre 2002), Stewardship in 3-D: De Facto, Discipline, & Database, tdan.com, http://www.tdan.com/view-articles/5127/

2.2.1.2   Comité de gouvernance des données

C'est le comité de pilotage de la gouvernance des données.

Il définit les objectifs des Data Stewards, il coordonne leurs efforts et leurs actions, il fournit des définitions, méthodes et rôles communs à toute l'entreprise.

Toute la communication est faite par cette instance, ainsi que tout processus d'escalade intervenant au niveau des directions.

2.2.1.3   Executive Sponsor

La gouvernance des données nécessite un sponsor de niveau direction générale pour augmenter ses chances d'être adoptée et suivie dans l'entreprise.

Son origine dépendra du principal driver ayant amené un dispositif de gouvernance des données, il pourra s'agir du Directeur financier si l'objectif est de fiabiliser les chiffres ou du directeur marketing si l'objectif est orienté client.

La problématique de gestion des risques et de conformité étant croissante dans l'entreprise, c'est de plus en plus le Directeur de la gestion des risques qui remplit ce rôle.

2.2.1.4   Exemple d'organisation

TDWI (The Data Warehousing institute) donne ainsi un exemple d'organisation pour une entreprise.

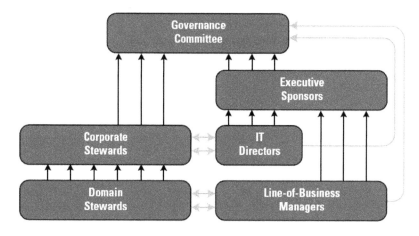

Fig 9 : Philip Russom (mars 2006), Taking Data Quality to the Enterprise through Data Governance, TDWI

27

2.2.2 Domaines de gouvernance

Les principes de gouvernance de données doivent s'appliquer dans 5 domaines[1] :

▶ Les principes

Définition du rôle de la donnée comme "Asset", notamment :

- Quels sont l'utilisation et le rôle de la donnée dans l'entreprise ?
- Quels sont les comportements attendus pour utiliser la donnée comme « Asset » ?
- Quelles sont les possibilités de partage et de réemploi ?
- Quel est l'impact de l'environnement réglementaire ?

▶ La qualité

Exigences sur l'utilisation de la donnée :

- Quels sont les standards de qualité en ce qui concerne la justesse, la complétude, la fraîcheur et la pertinence ?
- Quels moyens pour établir et communiquer sur la qualité des données ?
- Comment en est faite l'évaluation ?

▶ Les métadonnées et la sémantique

Les métadonnées sont les données des données, elles permettent d'expliciter la donnée et de la tracer, par exemple la date de mise à jour, par qui …

Il faut donner du sens à la donnée pour qu'elle soit interprétée de manière unique dans l'entreprise :

- Quelles sont les métadonnées ?
- Par quels moyens, la définition est-elle documentée ?
- Comment les mises à jour des métadonnées et des définitions sont-elles réalisées ?

---

[1] Vijay Khatri, Carol V.Brown (janvier 2010), Designing Data Governance, Communications of the ACM

- L'accessibilité et la sécurité
  - Quelle est la valeur business de la donnée ?
  - Comment mener une politique continue d'évaluation des risques sur la donnée et l'intégrer dans la politique générale de gestion des risques et de conformité ?
  - Quels sont les standards et procédures pour l'accès à la donnée ?
  - Comment sont faites la communication et la formation sur la sécurité ?
  - Quelles sont les politiques de sauvegarde et de restauration ?

- Cycle de vie
  - Comment sont inventoriées les données ?
  - Quelle est la politique appliquée pour la production, le stockage et la suppression des données ?
  - Quels sont les impacts de la législation sur le cycle de vie et notamment la durée de rétention.

2.3 Identification des causes de non qualité

Que ce soit le fonctionnement en mode silos des directions métiers, l'incompréhension entre producteurs et consommateurs de données, les difficultés de définition ou les méconnaissance des règles de gestion, la non qualité a bien souvent des origines humaines et organisationnelles. A cela s'ajoute des causes techniques telles que les problèmes d'urbanisation du système d'information.

Les problèmes de non qualité auront deux types de causes : les causes humaines/organisationnelles et les causes techniques.

2.3.1 Causes humaines et organisationnelles

La collecte des informations est la première phase, elle est très sensible, il s'agit de collecter les informations et de les transformer en données utilisables par le système d'information.

Les principaux écueils sont :

▶ Les silos fonctionnels

L'organisation de l'entreprise par silos fonctionnels contribue à la multiplication des vues des objets métiers et des données afférentes. La donnée sera saisie, voir ressaisie pour les besoins locaux du métier.

▶ L'alignement producteurs/consommateurs

L'entité assurant la collecte et/ou saisie des données ne connaît pas nécessairement les exigences des différents consommateurs de ces données et inversement ces derniers ne connaissent pas nécessairement les contraintes des producteurs.

Ce manque d'alignement contribue à créer des données qui ne correspondent pas aux attentes.

Par exemple un service marketing ne peut pas attendre une adresse e-mail fiable dans une fiche client ci celle-ci n'est pas vérifiée régulièrement. Ce qui ne fait pas nécessairement partie des processus de gestion de la relation client en amont.

► Les problèmes sémantiques

La donnée est-elle définie et sa définition claire et connue de tous les utilisateurs au sein du système d'information ?

Si la donnée est définie avec ambiguïté, sa saisie ne pourra être fiable. Chaque métier adoptera la définition qui lui semble la plus proche de ses préoccupations.

Ce problème du sens de la donnée est essentiel, il est entretenu par les applications métiers qui parfois adoptent un vocabulaire volontairement générique et ouvert de façon à être plus facilement paramétrable. Nous avons ainsi souvent floraison de « type de », « catégorie de », « nature de » dont seul le contenu permet (parfois) d'en déduire une définition.

Si nous reprenons l'exemple « surface » en immobilier du chapitre 1.3.1

La surface représente une donnée essentielle aussi bien pour les locataires que pour les propriétaires. C'est l'élément de base sur laquelle se calcule le montant du loyer mais également la valeur d'expertise de l'immeuble, les montants en jeu peuvent être très élevés.

Si en immobilier d'habitation le législateur a parfaitement défini les surfaces à retenir pour la location, les choses sont différentes pour l'immobilier d'entreprise, notamment en ce qui concerne la définition et la mesure des surfaces utiles.

La société Groupama Immobilier a ainsi défini un tableau permettant de partager les mêmes définitions dans l'entreprise mais également avec les experts géomètres habilités à mesurer les surfaces.

			TABLEAU DE DETERMINATION DES SURFACES	
SHOB			Combles et sous-sols non aménageables	
			Locaux techniques en combles et en sous-sols	
			Toitures-terrasses, balcons, loggias,surfaces non closes au RDC	
			Surfaces aménagées pour le stationnement des véhicules	
	SHON		Eléments de structure (murs extérieurs, refends, poteaux)	
			Circulations verticales (ascenseurs, escaliers)	
			Locaux techniques hors combles et sous-sols	
		SU	Circulations horizontales	
			Sanitaires, locaux à usage social, d'accès exclusif	
			Locaux où s'exerce l'activité:	
			Bureaux, archives	
			Surfaces de vente ou d'activité commerciale	
			Entrepôts, réserves	
			Locaux de production	
			Autres surfaces	

Fig 10 : tableau de détermination des surfaces – Groupama Immobilier

Ce n'est qu'une fois ce tableau mis en place et diffusé que la mise en qualité des surfaces a pu être efficace.

▶ Méconnaissance des règles de gestion

Les données de référence influent souvent le comportement des traitements, leur saisie correcte nécessite donc une connaissance des règles de gestion afférentes.
La difficulté réside dans le fait que les règles de gestion sont bien souvent codées en dur dans les programmes de l'application et ne sont pas visibles et compréhensibles par les utilisateurs.

2.3.2 Causes techniques

▶ Défaut de contrôle dans l'application

L'erreur par inadvertance peut arriver, l'application informatique doit faire un minimum de contrôle sur la donnée saisie.

- ▹ Son type (numérique, alphanumérique, date …)
- ▹ Son format, nombre de caractères attendus
- ▹ Son caractère obligatoire ou facultatif qui peut éventuellement dépendre du contexte.

▶ Problème d'intégrité

Une erreur technique peut survenir sur une base de données et altérer son contenu.

▶ Urbanisation complexe du système d'information

Au sein du système d'information, les données circulent d'une application à une autre par des dispositifs d'urbanisation dont les principaux sont :

- ▹ EII (Entreprise Information Integration)

Dispositifs permettant de synchroniser les données en temps réel.

- ▹ ESB (Enterprise Service Bus)

Synchronisation des données en asynchrone, les Web-Services entrent dans cette catégorie.

- ▹ ETL (Extract Transform Load)

Synchronisation en asynchrone d'un volume de données important, l'ETL est principalement utilisé dans les systèmes décisionnels.

Ces dispositifs sont très sensibles et doivent être surveillés sous peine de créer :
- des doublons (transfert consécutif de deux fichiers identiques),
- des trous (un ou plusieurs fichiers n'ont pas été transmis),
- des incohérences (un système est alimenté par des applicatifs divers à des fréquences non homogènes).

2.4 Choix technologiques

A ce stade, nous avons vu l'importance de la mise en qualité des données stratégiques qui constituent de plus en plus un actif de l'entreprise.
Une fois la prise de conscience faite et la gouvernance organisée, il est possible de s'appuyer sur un modèle, le Master Data Management.

Le Master Data Management ou MDM est un modèle qui a pour ambition de traiter nativement la qualité des données de référence, les Master Data.
La démarche consiste à mettre en œuvre un logiciel et une base dédiée pour gérer le référentiel des données de référence. Ce logiciel est doté de toutes les fonctions permettant d'assurer la qualité de ces données qui alimentent ensuite par synchronisation les autres bases de données du système d'information.

2.4.1 Définition

Le Master Data Management peut être défini[1] comme l'ensemble des dispositifs qui contribuent à :

> ▸ Identifier les données de référence fiables.

> ▸ Mettre ces données de référence à disposition des processus métiers.

Le Master Data Management est la démarche la plus aboutie visant à obtenir durablement des données de référence de qualité

Il est possible de définir 5 niveaux de maturité dans l'approche MDM[2]

---

[1] Rob Karel (10 novembre 2006), Introducing Master Data Management , Forrester
[2] Rob Karel (23 octobre 2009), Trends 2009: Master Data Management», Forrester

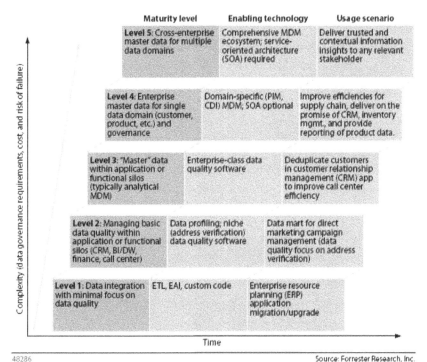

Maturity level	Enabling technology	Usage scenario
Level 5: Cross-enterprise master data for multiple data domains	Comprehensive MDM ecosystem; service-oriented architecture (SOA) required	Deliver trusted and contextual information insights to any relevant stakeholder
Level 4: Enterprise master data for single data domain (customer, product, etc.) and governance	Domain-specific (PIM, CDI) MDM; SOA optional	Improve efficiencies for supply chain, deliver on the promise of CRM, inventory mgmt., and provide reporting of product data.
Level 3: "Master" data within application or functional silos (typically analytical MDM)	Enterprise-class data quality software	Deduplicate customers in customer relationship management (CRM) app to improve call center efficiency
Level 2: Managing basic data quality within application or functional silos (CRM, BI/DW, finance, call center)	Data profiling; niche (address verification) data quality software	Data mart for direct marketing campaign management (data quality focus on address verification)
Level 1: Data integration with minimal focus on data quality	ETL, EAI, custom code	Enterprise resource planning (ERP) application migration/upgrade

Complexity (data governance requirements, cost, and risk of failure) → (vertical axis)

Time → (horizontal axis)

48286   Source: Forrester Research, Inc.

Fig 11. Niveau de maturité dans l'approche MDM - Forrester Research

> ## Le niveau 1 de maturité met l'accent sur l'urbanisation

La première étape qu'une organisation doit mener est l'examen des données de référence et leur capacité à circuler dans le système d'information.
Ce sont les outils d'urbanisation qui permettent cette circulation en offrant à la donnée la possibilité d'aller automatiquement d'un point A à un point B.
Nous y retrouvons les outils ETL[1], EEI[2], ESB[3].

> ## Les niveaux 2 et 3 de maturité ciblent la qualité des données

L'organisation est-elle dotée des technologies qui permettent de nettoyer, standardiser, valider, enrichir, comparer et fusionner les données critiques.
Les solutions dédiées à la qualité des données en sont une illustration. Par exemple, certains logiciels permettent la vérification automatique des adresses postales des fichiers clients.

---

[1] Extract Transform Load
[2] Entreprise Information Integration
[3] Enterprise Service Bus

35

> Niveau 4 de maturité introduit les technologies dites de MDM

L'organisation atteint le niveau 4 de maturité lorsqu'elle met en place les logiciels de MDM spécifiques à un domaine fonctionnel qui permettent d'offrir une vue unique et fiable des données.

Les solutions les plus répandues aujourd'hui s'adressent aux clients avec les solutions de CDI (Customers Data Integration) ou aux produits avec les solutions de PIM (Product Information Management).

> Niveau 5 de maturité

Le niveau 5 de maturité est atteint lorsque l'entreprise met en place une solution unique de MDM qui s'adresse à tous les domaines fonctionnels.

Une enquête réalisée en août 2009 par Forrester[1] souligne que 73% des entreprises interrogées ont un niveau de maturité moyen ou faible.

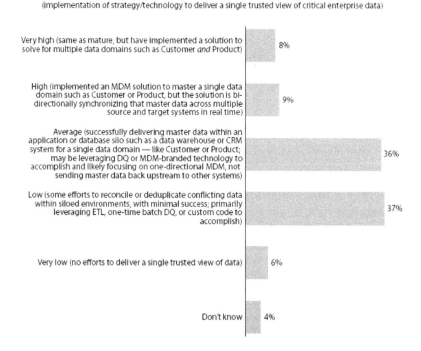

Fig 12 Niveau de maturité MDM des entreprises, Forrester Research

[1] Aout 2009, Global Master Data Management/Data Quality Online Survey, Forrester

36

La démarche MDM s'inscrit au centre de l'écosystème qui entoure la donnée de référence.

Fig 13. Écosystème MDM, Forrester Research

Elle considère :

▶ Les processus et systèmes en amont

Dans lesquels la donnée est capturée, saisie et maintenue. En effet, la donnée ne pourra jamais être plus fiable que l'information qui contribue à sa création.

Les systèmes qui alimentent le MDM peuvent être l'ERP[1] , l'outil de CRM[2], le système d'information RH ou même les extranets BtoB[3] et BtoC[4].

▶ Les processus et systèmes en aval.

Ce sont les processus et systèmes qui exploitent les données de référence. Par exemple les entrepôts de données qui grâce à des outils de Business Intelligence contribuent au reporting décisionnel des métiers. Ces systèmes avals ne sont pas seulement « client » du MDM mais peuvent également contribuer à son alimentation.

▶ L'urbanisation technique (intégration).

Ce sont les outils (ETL, EAI, ESB …) qui permettent le transport d'un système à un autre et éventuellement la transformation de la donnée.

---

[1] Enterprise Ressource Planning
[2] Customer Relationship Manager
[3] Business to Business
[4] Business to customers

► L'organisation

C'est à dire la gouvernance des données (les règles et responsabilités qui accompagnent la donnée dans son cycle de vie) et les processus métiers qui participent à la saisie et à la mise à jour des données.

2.4.2 L'outil MDM

La solution MDM idéale se doit de prendre en compte tous critères permettant d'obtenir une donnée de référence durable[1].

Fig 14. Fonctionnalités idéales d'une solution MDM - Solucom

Elle doit notamment intégrer :

► Un service d'expérience utilisateur

Il fournira les IHM[2] nécessaires à la manipulation des données et leur bonne compréhension.

► Un service d'orchestration des processus

Permettant d'exécuter les processus de création, mise à jour et suppression des données.

---

[1] Solucom, livre blanc (septembre 2009) « Master Data Management, les offres du marché »
[2] interfaces homme-machine

- ▸ <u>Un service de gestion des métadonnées</u>

- ▸ <u>Un service de gestion des règles de gouvernance</u>

- ▸ <u>Un service de traçabilité et d'historisation</u>

- ▸ <u>Un service de sécurité</u>

  Gestion des restrictions d'accès aux données.

- ▸ <u>Un service de stockage</u>

  Base de données stockant les données de référence.

- ▸ <u>Un service d'intégration</u>

  Outils nécessaires à l'intégration avec le reste du système d'information (web-services par exemple).

2.4.3 Les offres du marché

Sur le marché du MDM, nous trouverons quatre grandes typologies de produits qui correspondent au secteur d'activité d'origine de l'éditeur.

- · Les produits orientés produits : PIM (Product Information Management)
- · Les produits orientés clients : CDI (Customers Data Integration)
- · Les outils de qualité de données :DQM (Data Quality Management)
- · Les pure-players : MDM (Master Data Management)

Gartner établit un Magic Quadrant MDM selon les 3 premières catégories :

> ## Les solutions MDM - PMI, pour la gestion des données produits.

Figure 1. Magic Quadrant for Master Data Management of Product Data Solutions

Source: Gartner (November 2013)

Fig 15 : Magic Quadrant for Master Data Management of Product Data, Novembre 2013, Gartner

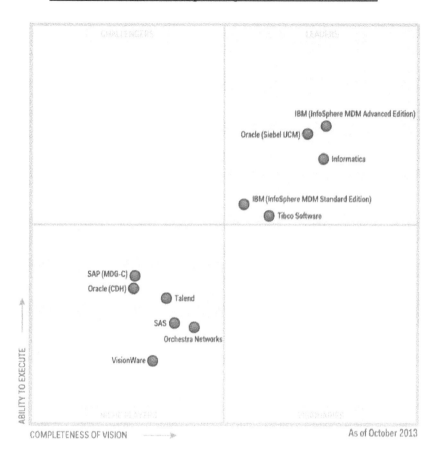

Fig 16 Magic Quadrant for Master Data Management of Customer Data Solutions, Octobre 2013 Gartner

► Les solutions DQM : pour l'amélioration de la qualité des données.

Fig 17 : Magic Quadrant for Data Quality Tools, Octobre 2013, Gartner

Avec le temps et l'évolution des différents logiciels, les différences s'estompent.

Le découpage CDI/ PIM/ DQM relève aujourd'hui plus d'un héritage historique lié à la mise en oeuvre de solutions verticales qu'à une réalité fonctionnelle.

Andrew White[1] de Gartner souligne d'ailleurs que ces dénominations ne sont plus en adéquation avec la réalité du marché :

- les solutions dites PIM s'orientent de plus en plus vers la modélisation de tout type de données,
- les solutions CDI restent bien adaptées aux référentiels Tiers (Clients, Fournisseurs) et Organisation.

Parmi les pure-player, c'est à dire les produits ayant vocation à s'adresser à l'ensemble des données de référence de l'entreprise, nous trouverons l'éditeur français Orchestra Network et son produit EBX Platform ainsi que l'éditeur Kalido.

Ce marché en plein essor se consolide très fortement et des acquisitions majeures ont eu lieu en fin d'année 2009, début d'année 2010 :

- Acquisition de Siperian par Informatica. Mi-janvier
- Rachat d'Initiate Systems, un acteur de la gestion des données de référence par IBM en début février.
- Oracle s'est offert Silver Creek Systems, pour ses outils de nettoyage de données produits.

Les consolidations devraient se poursuivre.

---

[1] Andrew White, (10 Juillet 2009), Another Magic Quadrant for MDM – this for product (or 'thing') data, Gartner

Selon Gartner[1], Après avoir atteint le sommet de la phase d'attentes excessives en 2009, le MDM poursuit en 2013 sa progression dans la phase de désillusions qui traduit un gain de maturité des utilisateurs pionniers et une meilleure compréhension vis-à-vis des enjeux du MDM.

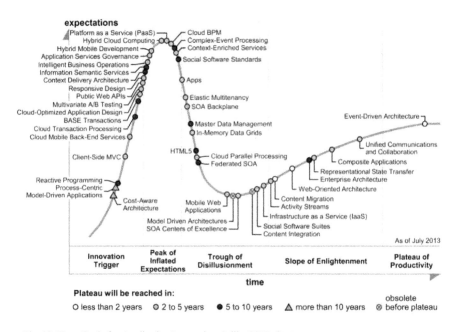

Fig 18. Hype Cycle for Application Integration, Juillet 2013, Gartner

[1] Hype Cycle for Application Integration (2013), Gartner:

2.4.4 Système d'information durable et MDM

La notion de système d'information durable[1] traite de la transformation progressive du système d'information, sous un angle technique, en prenant appui sur le MDM, les règles métiers et l'approche orientée services ou SOA[2].

Il s'agit en fait de sortir progressivement les règles métiers et les données de référence des applicatifs métiers dans lesquelles elles sont bien souvent codées en dur pour rendre le système d'information plus agile et moins dépendant des applicatifs métiers dont la fonction première se recentre sur les traitements.

Ce thème dépasse le cadre de la fiabilisation des données mais c'est un argument majeur avancé par les éditeurs de produits MDM qui trouve un écho favorable dans un nombre croissant d'entreprises.

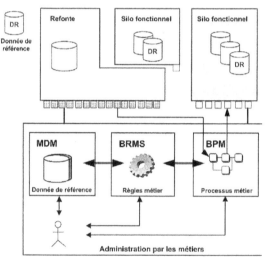

Fig 19. Le référentiel des processus métier, Pierre Bonnet, 2009, Management des données de l'entreprise, Hermès Lavoisier

[1] P.Bonnet, J.-M. Detavernier, D Vauquier, 2007, Le système d'information durable, la refonte progressive du SI avec SOA, Hermès
[2] Service Oriented Architecture

Certaines entreprises, telle la compagnie d'assurance SMABTP ont entrepris depuis quelques années une refonte de leur système d'information sur ce modèle.

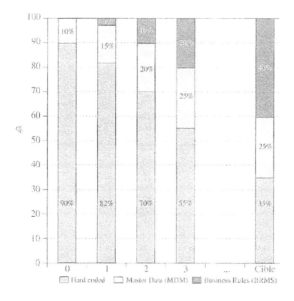

Fig 20. Exemple d'évolution des actifs immatériels (source SMABTP)

2.5 En conclusion

Nous avons vu dans ce chapitre que la résolution des problèmes de qualité de données passe par trois grandes étapes :

▸ Prise de conscience et identification

L'entreprise doit considérer les données comme un actif.
A ce titre, les données sensibles doivent être inventoriées et cartographiées.

▸ Mise en place d'une gouvernance

La gouvernance des données fixe les règles et responsabilités pour tout le cycle de vie de la donnée.
Un nouvel acteur, le Data Steward, devient le garant de la donnée, de sa bonne définition dans toute l'entreprise et du suivi de sa qualité.

▸ La technique

Les bons choix techniques doivent être réalisés dans l'entreprise.
Le système d'information doit être urbanisé en utilisant les outils appropriés dans les technologies classiques d'ETL, ESB et EEI.

Si nécessaire, une solution de type MDM peut être implémentée, les données de référence sont alors gérées dans un outil dédié ayant toutes les fonctionnalités attendues permettant d'en assurer la qualité.

Il est plus facile d'entreprendre un programme de fiabilisation des données dans un domaine fonctionnel bien précis puis de l'étendre à toute l'entreprise. C'est ainsi que pourra s'élever le niveau de maturité de l'entreprise dans la gestion des données de référence.

BIBLIOGRAPHIE

Ouvrages

- Pierre Bonnet (2009), Management des données de l'entreprise, Hermès Lavoisier
- P.Bonnet, J.-M. Detavernier, D Vauquier, (2007), Le système d'information durable, la refonte progressive du SI avec SOA, Hermès
- Christophe Brasseur, (2005), Data Management, Hermès Lavoisier

Articles, livres blancs, analyses

- Vijay Khatri, Carol V.Brown, (janvier 2010), Designing Data Governance, communication of the ACM.
- Thomas C.Redman (février 1998), The impact of poor data quality on the typical enterprise, communication of the ACM.
- Beverly K. Kahn, Diane M. Strong, Richard Y. Wang (avril 2002), Information Quality Benchmarks Product and Service Performance, communication of the ACM
- Thomas C.Redman (15 septembre 2008), Data Driven, Profiting From Your Most Important Business Asset, Harvard Business School Press
- Vijay Khatri, Carol V.Brown, (janvier 2010), Designing Data Governance, communication of the ACM.
- Lou Agosta (29 juin 2004), The impact of information Quality Lapses, Forrester
- Rob Karel (10 novembre 2006), Introducing Master Data Management , Forrester
- Rob Karel (10 septembre 2007), Data Governance: What Works and what doesn't, Forrester
- Rob Karel, R Wang (30 mai 2008), Building the Business Case for Master Data Management, Forrester
- Rob Karel (28 Juillet 2008), A truism for Trusted Data: Think Big, Start Small, Forrester.
- Rob Karel (2 octobre 2008), It's Time to Invest in Upstream Data Quality, Forrester.
- Rob Karel (23 octobre 2009), Trends 2009: Master Data Management, Forrester
- Global Master Data Management/Data Quality Online Survey, Août 2009, Forrester
- TDWI-Forrester Quaterly Data Warehousing Survey, Mai 2004

- Philip Russom (mars 2006), Taking Data Quality to the Enterprise through Data Governance, TDWI
- Baromètre CIO/SAS, cahier thématique CIO (février 2008)
- Informatica (15 septembre 2008), The Data-Driven Enterprise, White Paper
- Solucom, livre blanc (septembre 2009) « Master Data Management, les offres du marché ».
- IDG, Livre blanc, la gouvernance des données
- Gartner Magic Quadrant for Master Data Management of Product Data, novembre 2013.
- Gartner Magic Quadrant for Master Data Management of Customer Data, octobre 2013.
- Gartner Magic Quadrant for Data Quality Tools, octobre 2013.
- Andrew White, (10 Juillet 2009), Another Magic Quadrant for MDM – this for product (or 'thing) data, Gartner.
- Gartner Hype Cycle for Application Architecture, juillet 2013.

Articles Internet

- Robert S. Seiner (01 octobre 2002), Stewardship in 3-D: De Facto, Discipline, & Database, TDAN.com, http://www.tdan.com/view-articles/5127
- Robert S. Seiner (01 juillet 2005), Data Steward Roles & Responsibilities, TDAN.com http://www.tdan.com/view-articles/5236
- Wikipedia, Gestion des données, http://fr.wikipedia.org/wiki/Data_management
- Wikipedia , Qualité des données, http://fr.wikipedia.org/wiki/Qualité_des_données